बस एक चहलकदमी

-काव्य संग्रह

सुरेश शर्मा

BookLeaf Publishing
India | USA | UK

Made with ❤ on the BookLeaf Publishing Platform
www.bookleafpub.in
www.bookleafpub.com

Dedication

यह अभिव्यक्ति मैं अपने स्वर्गीय माता और पिता जी को समर्पित करता हूँ जिन्होंने हर संघर्ष को मौन होकर सहा, हमारे लिए बहुत कुछ झेला, हमेशा हम सब को प्रोत्साहित किया और कभी यह अहसास नहीं होने दिया की जीवन में किसी भी वस्तु का अभाव हो सकता है ।

उनका स्नेह, त्याग और आशीर्वाद ही मेरी हर अभिव्यक्ति की नींव है।

Preface

बचपन में कभी-कभी लिखा करता था। फिर जीवन की भागदौड़ में, शायद, मैं स्वयं से ही दूर होता चला गया। यह प्रयास स्वयं से पुनः जुड़ने की एक छोटी-सी कड़ी है।

इस संग्रह में सम्मिलित रचनाएँ भिन्न-भिन्न अनुभवों का प्रतिबिंब हैं, जो संभव है कविता के विशुद्ध मापदंडों पर पूरी तरह न उतर पाई हों। प्रबुद्ध पाठकों से विनम्र निवेदन है कि वे इन पंक्तियों में व्यक्त भावों को प्रोत्साहन दें। यदि पाठकों को यह लगे कि भाव शब्दों में पिरोकर काग़ज़ पर कुछ हद तक उतर पाए हैं, तो मैं अपने इस तुच्छ प्रयास को सफल मानूँगा।

Acknowledgements

इस प्रयास के लिए मैं अपनी जीवन-संगिनी हेमा को आभार व्यक्त करना चाहता हूँ, जो सदैव मेरी प्रेरणा-स्रोत बनी रही हैं। भावनाओं की अभिव्यक्ति के लिए जो प्रोत्साहन मुझे मिला है, उसका मूल स्रोत भी वही हैं।

मेरी सबसे बड़ी समालोचक मेरी बेटियाँ आशिमा और सौम्या हैं। संभवतः उनके समक्ष स्वयं को स्थापित करने की अदम्य इच्छा का ही परिणाम यह पुस्तक है। मैं उनके साहस को नमन करता हूँ, जो मुझ जैसे अधपके लेखक को न केवल धैर्यपूर्वक सुनती हैं, बल्कि बेहतर लेखन के लिए निरंतर प्रेरित भी करती हैं।

तिरेंगे भाई!!

एक दिन, चाय की चुस्की लेते हुए,
अलसाती दुपहरिया में न जाने क्या सूझा,
तिरंगे से एक सवाल पूछ बैठा।
तिरंगे भाई, एक बात बताओ,
किस बात का अभिमान तुम्हें है?
जब देखो, लहरा कर चलते हो,
अपनी ही धुन में रहते हो।
लगता है बादलों से बातें करते हो,
पवन के प्रवाह में बहते हो।
आख़िर किस बात का उन्माद तुम्हें है?

तिरंगा मंद-मंद मुस्काया,
कनखियों से देखा और बोला,
"दोस्त, तुम न समझ पाओगे।
जो ज़िंदगी तुम जीते हो,
वह इतनी आसान न थी।
मेरे अपनों ने जो बलिदान दिए,
उन्हीं ने इसे सुगम बनाया है।
क्यों न अभिमान मुझे हो?
मेरे यशस्वी पुत्रों ने

मुझे गौरवमय बनाया है।
सीमा पर खड़े होकर
शत्रु को पीछे ठेला है,
सीने पर गोलियाँ खाई हैं।
जन-मन को आह्लादित कर
मेरा आदर-अभिषेक कराया है।”

ख़ैर, तुम समझ न पाओगे,
यह कहकर तिरंगा
इतराता हुआ लहराने लगा।
और मैं, चाय की चुस्की में खोया,
निःशब्द रह गया।

मेरा ये मन!!

मेरा ये मन!!
मुझसे बात नही करता,
जब भी हताशा के बादल मुझ पर छाये हैं,
अंधेरा घना मिला और उजाले कम पाये हैं,

मैंने खुद को बहुत टटोला है,
मन के पर्दों को खोला है,
लेकिन
मेरा ये मन!!
मुझसे बात नही करता!!

जाने क्यों रूठा है, समझ नही पाया मैं,
किस दुविधा में फंसा हुआ है, भांप नही पाया मैं,
मैंने मन के तारों को छेडा है,
दुख और शंका को खदेड़ा है,
फिर भी
मेरा ये मन!!
मुझसे बात नहीं करता!!

सब कुछ है पास है मेरे , लेकिन खालीपन है,
मैं मैं नहीं हूँ, एक एकाकिपन है,
मेरे पास मेरा मन का अधिकार नही है,
जीवन का आधार नही है,

जी हां,
मेरा ये मन!!!
मुझसे बात नही करता!!

वो बचपन!!

मैं ढूँढ रहा हूँ उस बचपन को

जो संकरी गलियों मे अलसाता
मदमस्त फिरा करता था
बिना बात की हसता था वो
और बिना बात की रोता।

मैं ढूँढ रहा हूँ उस बचपन को

दिल में जो भी बात रहा करती थी
वही होठों पर आती थी
कब सूरज उगा, चढ़ा और अस्त हुआ
जाने कब रात चाँदनी आ जाती थी ।

मैं ढूँढ रहा हूँ उस बचपन को

ना मित्रों से द्वेष भाव था,
ना अपनों से कोई बैर
सभी अपने लगते थे प्यारे
नहीं पाया कभी कोई ग़ैर।

मैं ढूँढ रहा हूँ उस बचपन को

ना असफलता का भाव हृदय में,
ना कुछ खोने का भय
बस कुछ पाने की अडिग अभिलाषा
और आगे बढ़ने का ध्येय ।

मैं ढूँढ रहा हूँ उस बचपन को।

पहाड़!!

आज पहाड़ वीरान हैं
उनसे पूछा तो वो बोले
हे मित्र मेरे, तुम मानो या न मानो
हम बेहद परेशान हैं ।
आज हमारा दोहन हो रहा है ।

हम हमेशा हंसते, मुस्कुराते
निर्भीक अडिग रहा करते थे
चंद्र किरण पर सवार हो
नीले नभ से बातें किया करते थे ।

हमारी हिम से आच्छादित चोटियाँ
एक विहंगम दृश्य को दर्शाती थी
सूर्य की किरणों को भेद
अदम्य साहस को दिखलाती थी ।

मंद मंद पवन की झोंके हम पर
जब अठखेलियाँ खेला करती थी
कल कल कर बहता था झरना
मानो छोटे बच्चों की नाव चला करती थी ।

खग विहग का कलरव
सुरमय गीत सुनाता था
हरी भरी वादियाँ में मानो
जीवन स्वर्गिक हो जाता था ।

लेकिन अब, हे मित्र मेरे,
हम बहुत परेशान हैं ।

आज हमारा दोहन हो रहा है
विकास के नाम नाम पर
हमारा सतत शोषण हो रहा है
बाहर से आने वालों का तो ताँता है
लेकिन फिर भी पहाड़ वीरान हो रहा है ।

कल बादल फटेंगे
या बिजली गिरेगी घटा से
या फैलेगी आग विपिन में
तुम भी संभल कर रहना हर छटा से ।

आज हमारा दोहन हो रहा है
तुम मानो या ना मानो
कल बच कर तो
तुम भी ना रह पाओगे ।

मैंने देखा!!

मैंने देखा,
एक संकुचित गली में,
छूटे हुए नीम की डालियों तले,
तपते सूरज के नीचे,
एक टुटती हुई सन्ध्या को,
उसके विवर्ण, क्लान्त मुख को,
उसकी जालिका-वृत्त केश-दल को,
बेतरतीब बिखरती निगाहों को,
शून्य में बहती अन्जान आँचल-लहर को।
सच, मैंने देखा।

वह,
वह भावविभावरी की अनन्य सखा थी,
वह जीवन की मूक व्यथा थी,
उसके स्वर में करुणा का अतिरेक था,
उसका जीवनदर्पण यही कहीं बिखरा था,
उसकी आशा का आधार नियति-व्याल
ने यहीं कहीं डसा था।

अन्नपूर्णा होने पर भी वह अपूर्णा थी,
वह नयनाम्बु की अविरल धारा में,
अपने अन्तर्मन की अथाह वेदना पर,
तथाकथित समाज की मर्मरित दीवारों को,
विगलित हाथों में थामे खड़ी थी।

सदियों से,

मैंने सच ही देखा था।

तुम आते हो बार बार !!

तुम आते हो बार बार,
आते ही छुप जाते हो मम व्यथा विसार।

मेरे अंतर्मन की वीणा पर व्यथा राग तुम गाते हो,
सच मानो उद्दात धरा पर कण तुहीन सा छा जाते हो ।
आते मेरे आँगन में खिड़की से तुम उतर उतर कर,
देते हो सुख जीवन का, आरोहित हो चंद्र किरण पर ।

तुम आते हो बार बार ।
धीरे धीरे सहलाते हो, दे आभास मुझे शैशव का,
हाँ तुम में ही पा लेता हूँ समुद सुख मैं धन वैभव का ।
हाथ पकड़ कर हाथ मेरे, जब चलते हो, मुस्काते हो ,
जाने इन मुस्काती अधरों में क्या क्या भेद छिपाते हो ?

तुम आते हो बार बार ।
बन जाते क्यों निष्ठुर, कुलिश निर्मम, जब आहत मैं होता हूँ,
लगता तब तुम को पा कर भी तुमको, हो गौरवगत, खोता हूँ ।
बैठ किरण के हिंडोले में, तुम जाते हो होले होले ,
छवि छोड़ किरण पुंज की तम में, तुम जाते हो खो से।

तुम आते हो बार बार ।
द्वार खोलकर नयनों की, विक्षुब्धओं सा अस्तव्यस्त मैं उठ जाता हूँ
निद्रा पूर्व निशा के द्वितीय पहर को पहर द्वितीय ही पा पाता हूँ ।
हे देव! तुम क्या हो? क्षण में अक्षुण सुख दे देते हो,
मुझ में आशा के उत्प्ररेक, अतुलित दुख मम ले लेते हो ।

तुम आते हो बार बार ।
कहाँ गये अव्यक्त तुम, पुनः आओ प्रत्यक्ष तुम ,
जिस कल्पना का केंद्र मैं, उस कल्पित के अक्ष तुम ।

चराचर में मैं तुम्हें ढूंढता, तुम्हें खोजता अंतर्मन में,
हो कर भी तुम नहीं व्याप्त हो, नहीं धरा में, नहीं गगन में ।
तुम्हारी चिर स्वर्गीय छवि पाने अन्य लोक में जा उतरूँगा,
अन्य लोक कोई और नहीं, स्वप्नलोक है, जा विचरूँगा ।

तुम आते हो बार बार ।

मैं जीयूँगा, मैं जीतूँगा!!

चाहा था शिखर पर चढ जाऊं
कुछ कर गुज़र जाऊँ ,
सभी का स्नेह भाव पा कर
जीवन सार्थक कर जाऊँ ।

लेकिन समय के निष्ठुर थपेड़ो ने
मुझे हर पल गिराया है ,
नियति का ये खेल ही ऐसा था
कि सपनों ने भी मुझे रुलाया है ।

माना मैं निर्बल हूँ, निराश हूँ मैं
टूट चुका हूँ अंतर्मन से,
हताश हूँ इस कठिन मोड़ पर
रूठ चुका हूँ अपने ही दर्पण से ।

नहीं दिखाई देती रोशनी
अंधेरे में द्वन्द चल रहा है,
खुद से खुद की लड़ाई में
घमासान प्रचंड चल रहा है ।

लेकिन जीने की जिजीविषा
अभी भी ज्वलंत है, मरी नहीं है ,
मैं जीयूँगा, मैं जीतूँगा
लड़ाई तो मैंने अभी लड़ी नहीं है ।

मुझे दिखाई देती है

मरु में
जल की अविरल धारा ,
गहन तम में दिखता है
एक चमकता तारा ।

मुझे दिखाई देती है

विष सागर में
जैसे हो अमृत की हाला ,
क्रंदन में भी मानो
वीर-गीत गाती हैं बाला ।

हाँ,
मैं जीयूँगा, मैं जीतूँगा।

दिल्ली का प्रदूषण!!

सीने में जलन हो
और सांसें साँसत में पड़ जाएँ
आँखों में दर्द हो
और चश्मे आँखों पर चढ़ जाएँ

तो मान लो कि
प्रदूषण आ गया है।

सूर्य देवता पर ग्रहण हो
जन जीवन अस्त व्यस्त हो जाएँ
कक्षाओं पर लगे विराम
बच्चे स्वच्छंद मदमस्त हो जाएँ

तो मान लो कि
प्रदूषण आ गया है।

सम विषम परिवहन के खेल में
बाहर निकलना दूभर हो जाए
बाहर घूमने वाला
वर्क फ्रॉम होम में फँस जाए

तो मान लो कि
प्रदूषण आ गया है।

दोषारोपण का दौर हो
टीवी पर ख़बरों का शोर हो
जनता में आक्रोश हो
नेता जी भाव विभोर हो

तो मान लो कि
प्रदूषण आ गया है।

परदेश में !!

बात बात में डॉलर का दंभ भरा करता है
परदेश में मेरा एक मित्र रहा करता है,
दिखने में बेहद ही सज्जन प्राणी है वो
लेकिन जाने क्यों हमको हीन कहा करता है ।

अंग्रेजी में पारंगत है वो
आधुनिकता को वो जीया करता है ,
अमीरी का भाव छुपा है उसके भावों में
प्रगति की वो बात किया करता है ।

परदेश में
मेरा एक मित्र रहा करता है ।

एकाकीपन का एहसास हृदय में
बिछड़ गया है अपनों से ,
चेहरे पे झूठी हँसी का नक़ाब पहने
उलझ गया है सपनों से।

परदेश में
मेरा एक मित्र रहा करता है ।

पापा बीमार पड़ें है बिस्तर पर
माँ की आँखों का इलाज़ बचा है,
पलकें बाट जोह रही बेटे की
बहन की शादी का सेज सजा है।

परदेश में
मेरा एक मित्र रहा करता है ।

ना ही परदेश ने उसे अपनाया है,
ना ही इस देश का हो पाया है
परदेश में भी परदेशी बन कर
आख़िर यह दंभ कहाँ से लाया है ।

परदेश में
मेरा एक मित्र रहा करता है ।

एकाकीपन!!

एकाकीपन का अहसास
आज खल रहा है ।

मैं यूँ अकेला ना था कभी
ना था ये शहर अनजाना
बस कदम पड़े जिधर भी
उसी को अपना माना ।

लोगों की भीड़ में
मैं खो गया हूँ
दूर ख़ुद से ही
ख़ुद हो गया हूँ ।

तलाशता हूँ अपनों को
अपने ही शहर में
खोज रहा हूँ छूटे सपनों को
हर वक्त, हर पहर में ।

लेकिन अफ़सोस
ना तो अपने मिले
ना शहर अपना बन पाया
चाहा था बहुत कुछ मगर,
नियति को कुछ भी ना भाया।

मधुशाला में मधुबालाओं
का शोर भी थम चुका है
दर्दे दिल को बयाँ करने
का माहौल भी ख़त्म हो चुका है ।

सूनापन है सर्वत्र
शहर हुआ बेगाना
अकेलेपन के शोर में
मुश्किल है जी पाना ।

एकाकीपन का अहसास
आज जाने क्यों खल रहा है ?

सूर्य देव!!

जब भी उठे
सुबह सवेरे
घर के परदे हटे
छटे अंधेरे।

छटा देखूँ ज्यों बाहर की
सूर्य देव समक्ष नजर आते हैं
स्वागत करते किरणों संग
मुस्काते हैं, बल खाते हैं।

एक दिन उत्सुकता से
उनसे पूछा, की, हे देव
कभी नहीं थकते हो
ऐसा क्या है
जो ख़ुद में ही तपते हो।

बाहर निकल
बादलों की ओट से
सूर्य देव कुछ शर्माए
अकुचाए

बोले
हम अपने पथ पर चलते हैं
गति ही जीवन का आधार है
रुकने वाले कहाँ जिया करते हैं ?

किरण पुंज हमारा
तम को आलोकित करता है
यही कुछ करने का अहसास
हृदय को पुलकित करता है ।

हम से जीवन
हर जीवन में हम हैं
यही अनुभूति हमें
दिलाती दम है ।

और यह कह
सूर्यदेव अपने पथ पर बढ़ गए ।

मैं सोच में पड़ जाता हूँ
जब जग का प्रहरी इतना निःस्वार्थ हो
तो मुझ में क्यो इतना लोभ लाभ हो ?

चलो प्रण लेता हूँ
सभी का हित हो
ऐसा हृदय में भाव हो ।

नूतन हास की आस में !!

आए प्रभंजन या गिरे बिजली घटा से,
मैं मौन हूँ, अविचल रहूँगा हर छटा से,
फैले दावाग्नि विपिन में, धरा धूसर हो जाए,
मैं मौन रहूँगा, चूर चूर चाहे भूधर हो जाए।

वृक्ष गिरें भू पर, धू धू कर जल जाएँ,
बने भवन मिट्टी से, मिट्टी में मिल जाएँ,
सरिताएँ बंधन तोड़े, मुक्त स्वच्छंद हो जाएँ,
मैं वहीं रहूँगा, जहाँ खड़ा हूँ, सुप्त सारे शब्द हो जाएँ ।

फटे भुकम्प, जले वसुधा, धर्मदंड दो टूक हो जाए,
उठे ज्वार जलधि में, जनपद मूक मूक हो जाए
पक्षी गिरें, तड़पें, उठें, फिर मौन हो जाएँ,
जन छूट कर परस्पर, क्या, कब,कौन हो जाएँ ।

मनधन जले, जले संसृति, फिर धूमिल हो खो जाएँ ,
मुझे क्या, चाहे रविचंद्र, अपने परिपथ पर सो जाएँ।

मै चाहता हूँ पुनर्निर्माण,
मैं चाहता नूतन प्राण,
हो सर्वत्र स्वच्छ वात जाल,
हो दोषमुक्त नभ नव विशाल,
नूतन हास, विमल विकास की आस में मैं मौन रहूँगा।

नया साल!!

आशा का अतिरेक हवा में
नयनों में सपनों का अम्बार
नया साल बनकर आया हूँ
लाया खुशियों की सौगात।

कल जब मैं दहलीज़ पर खड़ा था
कदम जैसे ही आगे बढ़ा रहा था
किसी ने आवाज लगाई
पीछे से पीठ थपथपायी ।

पीछे मुड़ कर देखा
तो मैं हैरान था
अनजाने चेहरे को देख
मैं परेशान था ।
मुझे भौंचका देख, वो बोला,
दोस्त, भूल गए हो क्या
तुम नया साल हो
और मैं तुम्हारा दोस्त साल पुराना हूँ ।
तुम आशा हो
मैं अनुभव का अपार खजाना हूँ

तुम नया साल हो
नयी कहानी,नयी उमंग हो
सदा तुम्हारे संग रहूँगा
नयी डगर, तुम नयी तरंग हो ।

मुझे लगा मुझे मिला है कोई अपना
यह सोच मैं गौरव से इतराता हूँ
नया साल हूं, सदा ही धूम मचाता हूँ
मैं अनुभव लेकर नये समय में आता हूँ ।

मैं नया साल हूँ ।

मेरे आँगन में !!

मेरे आँगन में
पनप रही है
जड़ पकड़ रही है
स्वतः
एक कँटीली झाड़ी।

कल जब उतरीय मेरा
कांटो की गिरफ़्त में आया
और मैंने उसे तार तार पाया
तो मुझे कुछ आभास सा हुआ
और यही आभास
अब विश्वास बन गया है कि

मेरे आँगन में
पनप रही है
जड़ पकड़ रही है
स्वतः
एक कँटीली झाड़ी।

मैं
मात्र
घूरता हूँ
और घूरता ही रहता हूँ
घर को घेरती
घर की परिधि को छेड़ती
सुरसा सी अविरत बढ़ती
पंकिल नाली के पास
पनप रही कँटीली झाड़ी को

झाड़ी को समूल
उखाड़ना ही समझदारी है,
वरना घर में यह
पड़ जाती भारी है ।

जी हाँ,
मेरे ही आँगन में
पनप रही है
एक कँटीली झाड़ी ।

सर्कस!!

हँसी ठहाकों का संसार सजा है
तोरण प्रवेश द्वार लगा है
बच्चे हो या बूढ़े, सब में
उत्साह अजब, अपार जगा है।

आज शहर में बरसों बाद
सर्कस फिर से आया है
कौतुक करतब दिखलाने को
शेरों का दल लाया है ।

जो कभी स्वच्छंद थे
आज पिंजरों में बंद नजर आएँगे
रिंगमास्टर के इशारों पर कूदते
फाँदते, नाचते उन्हें आज हम पाएंगे।

सर्कस की है जान ये जोकर
हसायें सभी को चाहे ख़ुद रोकर
उसकी तो कथा अनंत है
उसकी हाँ व्यथा अत्यंत है।

अपने दुख समेट हृदय में
समक्ष सभी के हँसता, मुस्काता है
दर्शक का दुख स्वयं ले गरल सम
बना नीलकंठ सा वो लगता है ।

उधर बंदर भाई जाने क्यों
प्रफुल्लित हो कूद रहें हैं
इंसानों के हुजूम को देख
गुलाटिया मार झूम रहे हैं ।

कह रहें हैं मानो
तुम भी तो हम से अलग नहीं हो
हर रिश्ते ने तुमको आज़माया है
ज़रूरत पड़ी तो खूब हसाया
और कभी बेतरतीब रुलाया है ।

समझ नहीं आता
इस सर्कस का कौन किरदार है
-इंसान या बंदर ।

दीवारें ना खड़ी करो कभी !!

दीवारें ना खड़ी करो कभी
दीवारों से पड़ती दरारें हैं ।

टूटा फूटा घर था अपना
उसमे बसता था एक सपना,
सपना था की अपना भी हो
एक सुंदर सरस ठिकाना,
रहें सदा सब मिलजुल कर
सरल हो, सब कुछ कर पाना।

लेकिन सपनों और हकीकत में
खूब ठनी रहती है ,
जी हाँ, हमारे सामने
ग़रीबी की दीवार खड़ी रहती है ।

अमीरी अगर एक अट्टहास है
तो ग़रीबी बेचारी चुपचाप है
अमीरी में विलास है
तो गरीबी एक अभिशाप है ।

दीवारें ना खड़ी करो कभी
दीवारों से पड़ती दरारें हैं ।

जातपात के फेर में
इंसानों में भेदभाव ठीक नहीं है ,
रक्त वही बहता जब सब में
समाज का यह घाव ठीक नहीं है ।

कर्म से जाने जन को
जन्म से ना पहचान हो ,
सब प्रगति के राह पर बढ़ें
ऊंच नीच से अनजान हो ।

दीवारें ना खड़ी करो कभी
दीवारों से पड़ती दरारें हैं ।

समुद्र की अठखेलती लहरों में
सूर्य की मदमाती किरणों में
मंद मंद बहती सहलाती पवन में
चंद्रमा की लोरियों में
जब कोई भेद नहीं है
धर्म की नाम पर मानवता को
बाटों मत ।

दीवारें ना खड़ी करो कभी
दीवारों से पड़ती दरारें हैं ।

जिंदगी कुछ सिमट सी गई है !!

याद करो वो गिल्ली डंडा
जब खेला करते थे मैदानों में
कबड्डी का खेल अजब हुआ करता था
दौड़ा करते थे यूँ ही खलिहानों में ।

नए दोस्त बना करते थे
दोस्त पुराने मिल खिला करते थे
किस्से खूब बयान होते थे
चर्चे खूब जवान होते थे ।

पता नहीं चलता था
रातें कब, कैसे कट जाती थी
दिन में सूरज कब चढ़ता था
और कब शाम जगी और ढल जाती थी ।

अब वो दिन
हवा हो गयें है ।

ज़िन्दगी मानो
मोबाइल में ही क़ैद रह गयी है
व्हाटसप की लहर में
संवेदना निस्सहाय सी ढह गयी है ।

इंस्टाग्राम के रील्स
ही अब रियल लगते हैं
जीवन के बाकी सब रंग
मानो फीके से दिखते हैं ।

हम दूसरों में ख़ुद को ढूँढ रहें है
और खुद से ही हम ख़ुद छूट रहें हैं
सोशल मीडिया का खेल ग़ज़ब है
अपने ही अपनों को भूल रहे हैं ।

जब भी देखते हैं हँसता हुआ
फोटो में किसी को
मन में टीस सी मचती है
होतीं है ईर्ष्या ,जानें क्यों ?

हो सकता है
शायद हम समझ नहीं पाते
नया परिवेश है
नये जमाने की हैं ये सब बातें ।

फिर भी लगता है
जिंदगी कुछ सिमट सी गई है ।

जाग भरतपुत्र!!

सीमा पर बेरी बढ़ता,
हे भरतपुत्र! तू शांत खड़ा है,
उठ, छोड़ ग्रंथ, ले शस्त्र अजेयी,
क्यों इस विकट घड़ी में भ्रांत खड़ा है?
शायद नहीं सुनाई देती,
तुझको माँ की करुण दुहाई,
क्यों बैठा है, अब भी अविचल?
क्यों अकर्मण्यता तुझे सुहाई?

दूर जन में कोलाहल तो सुन,
देख, देख उठता नभ में धुएँ का अम्बार,
क्या मूकता ही तेरा दर्शन है?
क्यों निष्प्रभ पड़ा है तेरा प्रहार?

तू सोचता है जन-विकास,
तू सोचता विप्लव-हास ,
पर क्यों नहीं विचारता तू
सुरक्षा ही है जीवन की आस।

तू आँख मींचे, सिर नीचे ,
चुपचाप उलझन में फँसा है,
तू भूल जाता है परंतु ,
विचार जीवन की अतृप्त तृषा हैं।

उठ, खड़ा हो, छोड़ नीरवता
चल! बजा भेरियाँ, युद्ध का आह्वान कर दे
बेरियों का बेर छय कर,
आगत विपदा का अवसान कर दे।

जाग भरतपुत्र!!

हाला !!

हलाहल नहीं, अमृत है हाला
एक सरूर है मय का प्याला,
ग़म भुला, होंठों पर हँसी ला दे
ऐसी है ये मधु-शाला ।

कोई धन के गरूर में डूबा है
तो किसी को पद का अहंकार,
झूठ के जाल में फँसा है कोई
तो कोई है लालच का शिकार।

अकेलेपन का साथी है हाला
मित्रों संग, रंग जमा दे ऐसी है हाला,
मिलने की आशा है हाला
वियोग में हृदय के पास है हाला ।

मद में डूबा
जब जग है सारा,
थोड़ी पी ली अगर हाला
तो क्यों हुआ बदनाम मैं बेचारा ।

प्रेम-हाला में डूब चुका दिल
स्वच्छंद फिरा करता हूँ,
मुझे ना छेड़ो यारों
मैं ख़ुद में मस्त रहा करता हूँ।

क्रॉस!!

दो रेखाएँ
एक दूसरे को काटती है
क्रॉस चिह्न बनाती है
फिर धर्म के नाम पर
संप्रदाय का आश्रय ले
मुड़ती हुई
हिंसा, हत्या भड़काती है
मानव को मानव से लड़ाती है

मानव एक तरफ़ रक्तरंजित है
और क्रॉस दूसरी तरफ़ खंडित है
सच
दोनों में गहरी खाई बन जाती है
एक अभेद्य दीवार स्वतः खड़ी हो जाती है ।

बस एक चहलकदमी!!

बस एक चहलकदमी ही तो है,

भावों को समेटना, पिरोना,
शब्दों के जाल में बुनना
और खेलना,
जैसे लेकर कोई खिलौना।

ठोकर खाकर जो झेला,
जो देखा, कलम ली, लिख डाला,
संजोया हर आभास हृदय में,
मंदिर में सजी हो जैसे फूलों की माला।

ना छंदों का ज्ञान मुझे है,
ना कविता से पहचान मुझे है,
बस दिल से है दिल की बातें,
बातों पर अभिमान मुझे है।

जीवन-पथ पर जो लोग मिले,
मिलकर उनसे नए संयोग जगे,
कुछ साथ चले, कुछ छोड़ गए,

हृदय-पटल पर छवि जोड़ गए।

कुछ अनुभव जीवन में खट्टे थे,
वो कम थे, ज़्यादा तो मीठे थे,
आशाएँ तो दौड़ रही थीं,
सपने भी उड़ानों में क्या पीछे थे?

गद्य पद्य में भेद नहीं कर पाया मैं,
फिर भी स्नेह और प्रोत्साहन की आस है,
बस एक चहलकदमी है, ये सब,
ये शब्द नहीं हैं, बस एक एहसास है ।

www.ingramcontent.com/pod-product-compliance
Lightning Source LLC
Chambersburg PA
CBHW070650240926
51846CB00003BA/853
* 9 7 8 9 3 7 5 1 0 2 6 4 9 *